일리아스를 읽는 밤

일리아스를 읽는 밤

2025년 10월 22일 초판 1쇄 인쇄
2025년 10월 30일 초판 1쇄 발행

지은이 | 손수남
펴낸이 | 孫貞順

펴낸곳 | 도서출판 작가
    (03756) 서울 서대문구 북아현로6길 50
    전화 | 02)365-8111~2 팩스 | 02)365-8110
    이메일 | morebook@naver.com
    홈페이지 | www.morebook.co.kr
    등록번호 | 제13-630호(2000. 2. 9.)

편집 | 손희 양진호 설재원
디자인 | 오경은 이동홍
마케팅 | 박영민
관리 | 이용승

ⓒ손수남, 2025. Printed in Seoul, Korea.
ISBN 979-11-94366-73-7 03810

* 이 책은 2025년 경남문화예술진흥원의 문화예술지원금을 보조받아
  발간되었습니다.

* 이 책의 판권은 지은이와 도서출판 작가에 있습니다.
  양측의 서면 동의 없는 무단 전제 및 복제를 금합니다.
* 잘못된 책은 구입하신 서점에서 바꾸어 드립니다.

값 12,000원

작가 시인선 025

일리아스를 읽는 밤

손수남 시집

작가

■ 시인의 말

놀다가 멀어지는 바람이듯

모였다 흩어지는 구름이듯

맺혔다 스러지는 이슬이듯

소용돌이 돌아나는 물이듯

2025년 가을
손수남

차례

시인의 말

1부

개오지의 열정 15
장구애비가 돌아오는 저녁 16
가로등 아래 18
배경을 살다 20
참·새 22
겨울가로수 23
일리아스를 읽는 밤 24
불면 26
눈부시게 환한 봄날 28
이사 30
촉 32
질겨진다는 것에 대하여 34
꽃자리 36
아버지의 슬리퍼 38
오래된 가을 40
뒤태 환하다 42
내가 읽어야 할 세상 44

2부

말·벌 47

2019년 49

봄 전어 50

이뿐인가 인생이여 52

장어탕 한 그릇의 생각 54

꽃 다 지겠다 56

목어 58

유혹 60

당신을 듣다 61

사월 62

더울 때 번진다 64

가이아의 가설 66

속죄 67

가을태풍 콩레이 68

격리된 미륵산 70

불치병 72

오동나무에 들다 74

3부

가을장마 79
짝 80
물의 길 82
할머니라는 이름 84
서울로 간 나비 86
역사 88
핸들이 서쪽으로 꺾이다 90
참 낯설다 92
역귀성 94
삼대 96
부탁한다 98
생략된 이야기 100
어머님 영전에 102
거미 가족 이야기 104
사랑圖 106
봄비 108

4부

욱여넣은 말 111
이명에 들다 112
내 그림자의 배후를 아십니까 114
통제영의 봄 116
머위 쌈 118
미운 다섯 살 120
이바지 음식 121
발가락이 닮았다 122
고모 124
섭리 126
11월의 서정 128
속눈썹이 긴 현이 130
고비를 넘다 132
아, 아버지 134
어느 장군의 무덤 136

해설
액체 근대의 사랑과 상처의 가족시학_이상옥 138

1부

개오지*의 열정

예순을 뺀, 일곱 살이
일곱 살에게
이 세상에서 니가 가장 소중하다고 했다.
너 없이는 살 수가 없다고

일곱 살이
예순을 뺀, 일곱 살에게
그건 절대, 절대 안 된다고 한다
사람은 누구나 자기 자신이 가장 소중해야 한다고

내가 소중한 줄 알아야
남도 소중한 줄 안다고

밥 먹다 핑 핑 밥알이 튀었다
앞니 빠진 개오지 잇빨 사이로

.

* 개오지 : 호랑이 새끼, 개호주의 경남 방언

장구애비가 돌아오는 저녁

덩기덕 쿵덕
현관문이 열리고 신명을 지펴 장구애비 온다
기우뚱한 세상에 몸을 맞추고,
물밑을 끌던 그 억수의 헛발길질이 온다
어느 물구덩 모서리서 휘모리장단을 치다
서로 닮았다는 이유로
물장군이랑 한판 했는지
꼬리로 위장한 숨관이 삐뚜름하다

물 위로 띄운 꼬리에
코를 붙이고
도둑숨을 쉬며
봐라,
이건 똥구멍이데이
숨은 똥구멍으로 쉬는 기라
종일 평정했다는 물길은
그 자리
애먼,
새끼 불러 앉혀놓고
동기당 당기당

숨통 터지는 세상을 가르치나 알아듣지 못하는 새끼 장구애비
이놈 새끼야,
애비 애간장 다 탄다는 건 모든
애비들의 비애

물드는 한철에 새끼를 낳아
그 새끼 기를 힘을 구하러 나갔던 장구애비 흠뻑 젖은
저, 어깨가 마르면
등딱지 안에 감춰둔 날개옷을 펼쳐
한번은 우뚝 날아 보리라
무논의 제 새끼가 놀 평수도 조금은 넓혀가리라

가로등 아래

나는 간다
노동의 옷을 입은 아버지가 놓아버린 손목, 세 살
길바닥에 주저앉아 운다

아버지보다 대형마트tv 뉴스 속, 오십억 아빠 찬스

마악,
어둠이 욕망을 켜
아이야 울어라 더 크게
아버지가 항복할 때까지
세상이 손들고 너에게 투신해올 때까지 반짝반짝

가던 걸음을 돌려
막대사탕으로 세 살을 달래다 아버지 운다

싫어 세 살인 줄 아느냐고, 세 살

저 실랑이를 사람들은 다 안다는 듯
굳이 마스크를 끼고 획획 지난다

결국, 칭얼칭얼하는 아버지를 업고 자본의 엉덩이를 터는 세 살
　점점 더 짧아져야 할 울음의 유전자
　세 살은 무얼 봤을까
　아버지는 왜 울까
　사람들은 또 스쳐가기만 할까
　코 밑
　다 지켜보고도 모르는 척
　가로등만 오직, 밝았다 어두웠다

배경을 살다

고향동네 친구들 단톡에
초등학교 입학기념, 흑백사진 한 장이 까톡 올라왔다
가슴에 손수건 단 친구들, 교문계단에 횡렬로 서 있고
그들의 언니 오빠가 제 동생들을 감싸고 뒷줄, 보호자다
열 살도 더 차이나는 큰언니 큰오빠들이다
조막만한 친구들 얼굴은 알아볼 수 없고
뒷줄의 언니 오빠랑 맞춰봐야 제대로 알아볼 만큼
반백년이 훨씬 지난 사진이다
영미, 갑수, 원, 순조, 호태,
야, 나는 와 없노 묻기가 무섭게
뒤에 서 있네, 와르르 답이 온다
언니 오빠들도 뒤, 두 계단 더
배경처럼 뚝 떨어져 포청천 같은
저 아이, 내 아니다
니랑 똑 같다, 뭐 또 와르르 질책이 쏟아진다
그럼, 나는 왜 저 뒤에다 혼자 세웠는데, 따져 물었다
넌 맏이잖아 홀로서기 잘하잖아ㅋㅋ, 하고 답이 왔다
저들, 언니 오빠를 대신해 위로를 핑계로 변명을 해 온 거다
사진으로 유전자 검사를 할 수도 없어 그땐 그렇게 내가졌다

위로는 스스로 하는 것이다
나는 저 조막만할 때부터 큰언니 큰누나라서 일찍부터 저 뒤에 있다
꽃피는 봄이 가고 녹엽도 가고
어느새 낙엽 지고 으스스 바람이 분다 문득,
나도 내가 그립다
내가 인정하지 않으려 했던 그 사진을 꺼내 찬찬히 들여다본다
사는 것이 늘 누군가의 배경이다 그래,

참·새

실비같이 가는 분홍발가락을 오므리고 참새 한 마리
벽·벽·벽 교실 유리벽을 깨다
할딱할딱 숨을 고른다, 어쩌다 여길 들어와

나는 참,,,,,, 새

아이들은 내가 참·새라는 걸 몰라, 보여줘야 해

눈 한번 질끈 감고 유리벽 째잭 깨봐
훤하게 보이는 바깥세상 째재잭 나가봐, 창 밖
그건 아니야 자주달개비꽃 우야꼬우야꼬 목을 빼고, 창 안
여긴 아니야 참새 한 마리 파닥파닥 목을 꺾는 후회

비는 그치고, 아이들 걱정만하다 우르르 몰려나간 점심 시간

자꾸만 도돌이표를 찍는 생각, 암만해도 나는 참·새

겨울가로수

오락실에 갔다고 손들고 쥐 내리게
벌서는 아이다
다시는 안 가겠다는 말을 안 해
그 고집 꺾으려는 회초리다
오십 원짜리 동전 없이도
띠웅띠웅 재미나서
타고 나간
말이랑 친구를 팽개치고
구석 자리 유행 지난 오락기 핸들을 돌리던
세 살 때부터
매를 맞고 벌을 서도 다시 안 갈 자신이 없어
홀랑 벗겨 쫓겨나며 엄매엄매 설움 타는 아이다
그날의 아이를 찾아
어둠사리 지는 길을 울며 가는 어미다
짚동 뒤에 숨었다
발동동 구르던 그 겨울달빛이다
피멍 들어 잠든 종아리
후우우 입김 불어주던 아비다

일리아스를 읽는 밤

뜨거운 바람과 차가운 바람이 만나 쏟아지는 잠시의 폭우가 생이다
한여름인데 전운이 감도는 대기는 서늘하다 못해 으스스하다
뜨거움이 차가움에 지는 건 진리 그러니 살아서 너무 뜨겁지 마라
바람이 불어 꽃이 피지만 바람이 불어 꽃이 진다
모든 생의 통증은 밤을 더욱 요란하게 흔드는 고요
밭은 숨소리 속 다시 영웅의 전쟁사가 시작된다

일어나 앉아 보세요
좀 돌아누워 보세요
물을 조금 마셔 보세요
등을 쓸어
오그라드는 팔다리를 펼 때
아아 가까이 오지 마라
보타는 꽃 입

요양원 보내지 마라
가서는 다 죽어 오더라

화장도 하지 마라
아무래도 뜨거울 것 같다

적극적 치료를 권하지 않는다는 담당의사의 말이 들렸을까
오늘따라

성벽 밑에서 홀로 자책하는 헥토르 끙끙
견딤의 몫만 남은 당신 필멸의 전쟁사를 밤새워 읽는다

불면

가을이 깊다

잘 지내는 거니?
견딜 만은 해

서로 마주보며
피어나던
노란 싹이었을 적

꽃피는 봄으로 오백년을 살고
단풍드는 가을로 오백년을 살아
울울창창 천년의 숲이 되자고 약속한 사람

서로 등 돌려 뿌리로 가지로 멀어져간 날이 어디쯤인가

뿌리가 뿌리에 걸리고
가지가 가지에 걸려도
뿌리는 뿌리를 기르느라 깊어지고
가지는 가지를 키우느라 높아가다
문득,

문병처럼
가을이다

흰 계절이 들어서면 그만이 듯
물관이 마르면 영영, 이 그리움도 마르겠다
사람아
나는 자꾸 이 가을밤이 시리다

눈부시게 환한 봄날

옥천사 뒷길

천년 산사 가는 길에 꽃비가 내린다

잘 있어라
부디, 잘 있어라
참다가
못 다 참은 속엣말같이
부대끼며

잘 가라
부디, 잘 가라
모롱이 돌아나듯
역부득 밀어내는 잎 말 같이
나부끼며

좋았던 날만 기억해라

꽃비에
젖으며

젖으며
한 천년이 우르르 몰려왔다 몰려간다

이사

소크라테스 이래로
악법도 법이라서
모르고 저지른 것을 빌미로
나를 밀어내는 너
그동안 같이 자고 같이 먹고 불법과 적법을 아슬아슬 살았다 우리
그때,
갈 곳 없던 날 받아줘서 새삼 고맙고
사는 동안 걱정 많이 시켜서 미안하다
떠나고 싶어 떠나는 것은 아니다
떠나고 싶지 않았던 것도 물론 아니다
똥줄처럼 이어 살던 것 두고
생각을 안 듣는 마음도 두고
알지,
울고 싶은데 때린다는 말
자본은 늘 내 편이 아니라서 세 발걸음쯤 객지로 간다
너 지나가는 길,
마다, 핑그르르 돌아보겠지
껌벅껌벅 그 짓도 멈출 날 있겠지
그러다 캄캄하게 잊힐 날도 있을 거다

추억만으로 살 때쯤
치정같이 서러운 이마저도 눈부시게 아름답겠지
좋은 사람 만나 행복해라

촉

경계의 잠이 깊어지고 있을 무렵
학습동과 숙소동 사이의 잔디밭이 수런거리기 시작한다
그때다
마디하나가
캄캄한 대리석 위에 다리를 쓰윽 내려놓으며
최대한 몸을 더 낮춰
시간은 아직 충분해

촉이다
가만히 들여다보면
지나가는 실바람에도 몸이 뒤집히는 마디 끝에 달린 저 욕망
아직은 절지동물의 더듬이 시늉이고
저 아래로 툭 떨어지는 절벽위의 공포 같은 존재다
세 살배기가
새파랗게 소리치며
뒤로 타는 미끄럼틀 놀이 같고
고소공포증이
샛노랗게 소리치는
놀이공원 바이킹 타기 같다
시방은 잔디 씨가 까맣게 익어가는 계절

훗날, 사람들은
그들을
잔디 촉의 일탈이라 부르고
잔디 촉의 진화라고도 했는데
별자리 같은 전설이 새로 태어나는 곳이기도 하다

질겨진다는 것에 대하여

봄날,
신축 교사 뒤 조성된 잔디밭을 서너 평 걷어내고
아싹한 식감의 신품종 고추모종 몇 포기 일찌감치 심는다
부지런히 물도 주고 노린재도 잡아
농사는 농부의 발걸음과 비례한다거나
종자가 좋아서 역시 다르다는 자기 인식의 객관화
시건방을 떨면서 육칠월 열리는 족족, 참 맛있다
종묘상, 종자명을 물어 단단히 메모까지 해뒀다 내년을 위해

여름날,
방학을 맞아
정성들이던 고추밭은 까맣고
그늘을 찾아 떠나고 떠나가고
폭염에 열대야에 건달 같은 잡초까지
유기된 고추나무를 사는 고추는
부드럽고 아삭한 감 간데없고
나 질겨진 것 봐라
통째로 나무껍질이다

가을날,

남 먹을 때 못 먹고
남 잘 때 못 자고
세상살이 때를 놓쳐 살다
울긋불긋 약이 오른 것들
저 생명 있는 것들의 저항이 타는 불길이다
본래 제 지녔던 어진 품성
덜컥 놓아버리고
만나는 사람마다 날이 선
그 여자처럼

육칠월 순둥순둥한 그 사람 이제 아니다

꽃자리

천년의 약속을 지키듯
한 사내가 온다는 기별

겨울을 입덧내고 두루뭉술
봄을 불러올 사내
연두가 깊어 뭉텅 초록을 들이밀 때
한바탕 고집을 피우며 쩌렁쩌렁 올 것이다
그 사내 바보가 될 것이라는 예감

사내가 오면
사내가 오면
어화둥둥 내 사랑이야
업고 놀아야지,

믿고 살아낼 사랑이 있다는 것
늙은 여자의 평생이 이렇듯 다시 환하다

보일 듯 보일 듯 서핑을 즐기다
맨주먹을 날리며
맷집을 키우는 저 사내 태명

믿음,
일렁이는 흑백의 기별을 오래 읽는다

아버지의 슬리퍼

폐타이어 재생고무 같은 것으로 만든다는
한 켤레 삼천 원짜리 슬리퍼, 한 짝 입이 터졌다
이왕 터진 입이라 난전에서 반값에 주워온 게 켕겼던지
굽은 등이 저녁상을 걸친 둥 만 둥
잔 못 몇 개 물려 방으로 데려간다
고리짝 위에 눕혀
또닥또닥 어림없는 주둥이를 얼르고 달랜다
열여섯이 되도록 식민지 일본을 살아
모든 신발의 소재가 게다짝같이 보이는지
쌔쌔, 고무타이어 못빵꾸 같은 바람소리
새까만 전기테이프로 친친 동여맨다

흐트러진 운명도 인연 만나 잠시 돌아 갈 수 있는 건지
따져보면 저 슬리퍼, 함부로 내돌리진 않는다
농화를 벗은 발, 굳이 씻고서야 만나는 살가운 사이
문밖 잠이나마 헝크러진 켤레는 반듯하게 뉘었다
처음 만나 가슴팍 하얀 두 줄 반짝 빛나던 때
그 순간을 못 잊는지
굽은 등이 헤진 꿈을 끌어안고 눈 감아라
자는 잠에 눈 감아라 눈 하나 꼭 감는 게 이리 힘드노

모두 잠든 한밤중
한숨 새는 소리를 슬리퍼 혼자 듣고 있다

오래된 가을

가을이었을까
시골할인마트, 노란색 양은 주전자 번쩍 들고 왔을 때가
한 번도 사용한 적 없는
오래된 엄마의 부뚜막에서처럼 속도 없이 번쩍거린다
플라스틱 빈 용기들 버릴 때마다 무리 속에 넣었다 뺐다
두 번의 이사에도, 베란다 화분 위 황국같이 피었다
말라죽은 달리아 꽃 대신
뭘까,
보내지 못하는 이 마음
황금빛에 잠재된 내 콤플렉스일까
개구쟁이 사내친구가 금박지를 땅에 묻어두면 금이 된다는
내 무의식에 내재된 심리적 그 무엇일까
큰 농사는 하늘이 짓는다
작은 농사만 짓던 젊은 아버지가
논바닥에 엎어져 죽어라 일할 때
막걸리 담아 나르고 물 담아 나르고 꿀컥꿀컥,
산사에 목탁소리 보다 맑은 그 소리가 그리운 것일까
메뚜기 잡아넣고 논고동 잡아넣고
주전자색 같은 미꾸라지도 잡아 의기양양
그때 어머니 칭찬이 그리운 것일까

어머니 가실 때보다 더 많은 나이
또 이사를 준비한다
더위가 지나가고 추위가 오기 전일 것,
버릴 것과 가져갈 것,
가고 싶지 않아도 가야할 것,
생각이 꼬리를 물어 간밤도 설쳤다
햇살이 먼저 퍼진 아침
커튼을 열자
서늘히 피어있는 황금빛주전자
아직도 모르겠느냐며
눈부시게 글썽이는 가을들판이다

뒤태 환하다

신축교사 동 통유리 벽에 까악,
머리를 들이받고
내 잘못 아니다
내 잘못 아니다
체머리를 흔드는 새대가리를 봐라
제 꺼진 바닥을 질금질금 지리다
걀걀 피똥을 싸다
지구 한 모서리를 부들부들 떨다

계단을 날아오르는 것과 계단을 날아 내리는 것이
충돌하는 투명한 유리벽 밖

새대가리, 새대가리
모여드는 아이들 손가락질 인지했는지
잠깐의 혼절을 푸드득 푸드득
추스르다
생각을 가다듬고 비틀, 몸을 곧추다
떨쳐
날자
날아

한 발 비껴 놓고 두 발 모으고
한 발 비껴 놓고 두 발 모아서
날자
날아

바드득, 오기를 차고 가는
뒤태 환한 여자

내가 읽어야 할 세상

종이 치자 아이들이 달린다
붙잡으려는 아이와 붙잡히지 않으려는 아이
붙잡은 아이와 붙잡힌 아이
엎어지고 포개지고
부둥켜안고 깔깔대다
붙잡힌 아이가 벌떡
나 잡아봐라
다시 달린다
세상이 떠나갈 듯 존재를 일으키며

달팽이관 뚫고 가는 아이와 아이 사이를 본다

툭,
떨구는 사과나무를 본다
토기가 달리고 여우가 달리고 사자가 달린다
영희가 달리고 철수가 달리고 바둑이가 달린다
가을 들판을 뛰던 메뚜기떼처럼
달리기 위해 이 땅에 떨어진
그 많던 아이들은
지금

종이 친다

2부

말·벌

때 늦게 만나 자식 때마저 놓친 부부, 공들이던 차밭
　남편 서둘러 하늘가고 홀로된 아내는 공양주보살로 가고,
차나무들끼리
　묵은 칡넝쿨 이불 삼아 황사를 건너가는 봄
　그래도 봄이라고 찻잎 몇
　인기척에 반갑고 서운한지 빼꼼히 내다보다
　매실 몇 알로 투둑 인사한다

　차밭에 한번 올라가 봐 주세요, 네에
　찰떡같이 답하고, 삼사월
　말로만 걱정하다, 오월
　찻잎이 다 세어버렸다

　올해는 찻잎이 좀 어떻던가요?
　차밭이 다 그늘져 버렸네요
　지난겨울은 유난히 춥고 가물어
　냉해를 입은 것 같기도 해요, 하는데

　문짝 다 떨어져 나간 부부의 빈 집 지키다
　버럭, 튀어 나오는 **벌**

쫓아오는 **말벌**
도망치는 **말 벌**

집까지 따라온 벌
잠까지 따라온 벌
꽃무늬 이불을 들추고 밤새 쏘아대는 **말벌**

2019년

그를 지명 수배한다
중국 후베이성 우한에서 태어났다고 하는
현재 중국을 넘어 전 세계를 누비는
발열,
기침,
목아픔,
폐렴
호흡곤란이 주특기인

그는
천분의 일 밀리미터인 세균이보다 백분의 일 작고
중간숙주를 찾아다니는 바이러스족으로
숨죽이고 까치발로 돌아다닌다고 함

그는 옷소매로 입을 가리는 자를 싫어하고
손을 자주 씻는 자를 싫어하며
마스크 쓴 자는 아주 싫어함

그를 보면 곧바로 연락바람
국번 없이 1339
지역번호+120

특히, 마음은 멀고 몸을 가까이하는 자를 좋아한다는

봄 전어

봄날, 때 아닌 전어 수족관
부옇다
튀어 올라 유리 천장 깨기
배를 뒤집고 물수제비뜨기
모로 누워 필라테스 호흡하기
눈알이 빨갛도록 물장구치기
철도 모르고, 싱싱하면 제철이지 피멍들도록 논다
은비늘 다 벗도록 논다
냄새나는 시장자유주의를 물고 논다

가을 전어 깨가 서 말, 귀태로 반짝이던 것들
요새 집나간 며느리들은 봄에 돌아오면 대접받나
궁시렁궁시렁
세상에 눈 달고 왔으면 제발, 철 좀 들어라

산채로 얼음 매장하던 손길 멈추고
몇 마리 가져가서 구워 먹어라
처치곤란, 벌린 비닐봉지 넘치도록 쥐여 준다
공짜로 팔리는 산 것들의 자존심
파다닥파다닥

비닐봉지 안이 신자유주의다

몇 마리 팬에 올리자
앗 뜨거
펄떡 뛰며 몸 사린다,
그제야
철이 드는

이뿐인가 인생이여

오늘이 입추라고 해도 중복과 말복의 한가운데다

지난해 가을, 친구들 모임 자리
몸이 좀 안 좋아서라며
말끝을 흐리던 너의 부음을 받는다
사람이 살다 보면 몸이 좀 안 좋을 때도 있지
모르긴 해도 그만 일로 죽어
생도 날도 아직 뜨거운데
한동네 같이 자란 친구의 부음이 이 팔월 햇볕같이 따갑다

중학교 때
아침 등굣길
지름길인 논길을 앞서가다 돌아보며
`나 수학 15점 받았어, 공무원시험 수학 없는데 봐야겠다`
그래, 고등법원 국장까지 지내고
고향 와서 법무사 차려 잘하더니
대학 간 친구보다 낫다 했더니
왜?
줄줄이 딸만 낳은 네 어머니의 설움과
주사가 심하던 네 아버지의 광기와

그중에도 너는 일찍 철이 들어
평생 술은 먹지 않겠다했던가?
학생을 위한 학생에 의한 학생의 정치를 외치며
전교 학생회장을 맡아 링컨이 되고 싶었던 그때
너는 열여섯, 그리고
오십 년
맡은바 역할연기에 미쳐
생이 다 저문 줄도 모르다
본인 부고
딸 셋
막내딸은 아직 미혼이구나
누이가 다섯인 너를
낳고 얼마나 좋았다던 엄마도 아직 계신다며
삼가 고인의 명복을 빈다는 말 나는 못하네

장어탕 한 그릇의 생각

활어장
제철 장어 살만 발라 보내고
남겨진 대가리와 뼈로 장어탕을 끓인다
숙주나물에 방아잎만 넣어도 진한 국물이다
흐르는 땀을 눈물인 듯 훔치며
잘 도착했을까
시계를 쳐다보고
전화기를 열어보는
장어탕 한 그릇의 불안함

휴가철 운운하며 밀리는 고속도로 뉴스
이 땡볕 아래 펄펄 끓을 아스팔트 위
꼬리에 꼬리를 물고
기차가 되어 있을 자동차
카톡을 살펴보고
문자도 살펴보고
전화기를 들었다가
놓았다가
마음을 이기지 못해
어데꺼정갔노

아직 고속도로입니다
자꾸 전화하지 말고 일 보세요
그래
장어탕 한 술을 떠넣는데
눈물처럼
땀이 먼저 식어 후루룩 등줄기를 흐른다
시무룩 남겨진
대가리는 대가리끼리 뼈는 뼈끼리
서로 떨어져 간 제 살붙이들 걱정이 겨운 것이다

꽃 다 지겠다

이상기온
그 무성했던 소문도 밤 하나 사이
말복을 맞이한다고
살이 깊은 네 몸도
무시무시한 그 소문 맞이했는지
흰 살가죽에 무수히 뻗어난 붉은 세력들 진다
유난히 결이 고와 땀샘이 발달하지 못한 피부
시샘하는 말
살결이 고우면 서방 덕이 없다던가
옛말 그른 거 하나 없다던가
언 땅을 뚫고
일제히 일어서는 수선화 촉처럼
너 돋아나올 때
수천수만의 가려움을 피가 맺히도록 긁으며
그 지독한 불면 몇 날밤을 세웠었나

오래든 여름손님
땀띠꽃
부디 진다
지는 꽃의 추태가 허옇게 피는 허물이다

덥다
체온에 상당한 실내에서
정신없이 돌고 있는 선풍기는 제 의도와 다르게 열풍이다
새 애인에 대한 기대처럼
에어컨이 문득 그립지만
오래 묵어야 애틋한 사랑이듯
땀띠 꽃의 특효약
할머니 손부채가 그리운 오늘은 말복이다

목어

추위를 준비하지 못한 베짱이처럼 우울한 11월
아직은 흰 눈이 되지 못하고
천년 산사를 적시는 찬비
후두둑, 마른 낙엽 위에 떨어지는 설법들
기도하라
믿음에 가 닿아라
진리에 녹아 흘러라

물,
떠나올 때
돌아오는 목어
다짐을 잊고
현실에 붙들려 산, 회한
오늘은 은근히 범종 곁으로 몸을 당겨 보지만 어림없다

말랑말랑한 계절이 그에게도 없진 않았다
구실 잃은 큰어미처럼
쓸모에서 목탁에 밀려난 후
寒데
켜켜이 침묵을 입고

동안거 드는 나목이듯
훅,
치고 드는 찬비에 든다
눈감아라
눈감아라
그만 눈감지 못하는

유혹

고라니 한 마리 뉴스 속, 대로를 해딱해딱 건넌다
세상 한 번쯤 제대로 바꿔 살고 싶었을까
세게 한번 들이받아 볼 청명하늘이 배경이다

4월이 와도 옷을 벗지 못하는 여자
모피와 자크로 무장하고
소파에 깊이 앉아
굳게 닫힌 오후를 안도하고 있다

창 너머 변해가는 계절이 바람으로 까딱까딱
나뭇잎을 흔들어 연초록 유혹을 날리지만, 아직은
온기를 벗기 싫거나 두려운, 그 무엇
이대로 밤의 평화에 잠들고 싶은 걸까

근엄한 가훈이 액자 속 오래된 먹 냄새로 걸려 있고
세한도 한 점 인내의 세상을 훈요질 하고 있다
다 바꿔버릴까 지지리도 묵은 것들

창 너머 출렁이는 봄 물결 속으로
한 번만 더 지느러미를 치며 외출해 버릴까. 사월
그냥 자꾸 지나가고, 전화벨 오래 운다

당신을 듣다

당신을 생각하면 몸이 먼저 아프다

구만리장천 빗줄기 앞에 움츠린 날개 죽지처럼
주눅 든 진종일 속으로 앓는다

우울 불안 불만 불면
만성 신경장애 소화기장애
골다공증 연골연화 퇴행성관절

내가 아닌 당신이
내 속을 들어와 합체된 그때부터

부정맥 고혈압 고혈당
가슴 뛰는 혈행 장애
눈 마름 입 마름 코 마름 다 마름
제멋대로 출렁이는 호르몬불균형까지

내가 된 당신에게 꼬치 꿰인 내가
위축병원 대기표 사십일 번을 들고
어렴풋이 겹치는 사십일 장 老子도 들고

먼 우레에도 잔금 지는 바위소리 듣는다, 오래 당신을 듣는다

사월

고삐메인 망아지처럼 뒷발길질 해대는 초등 일학년
일찍 점심 급식 먹고 똘망똘망 눈빛 둘 손잡고 도서실 왔다
벌써 도서실 열람 수칙 수업 받았는지
일 학년 권장도서 앞 기웃기웃
까치발을 딛고 책 한자리 뽑아 들었다, 아싸
새 역사의 창조를 지켜보는 흐뭇한 눈빛과 짠
아뿔싸, 책을 놓고 슬그머니 그냥 나간다
천년을 기다린 손님
단골손님 만들 욕심만 목구멍까지 차오른 것 눈치챘을까
마른침을 삼키는데
도서실 문밖, 저만큼 둘이
알라딘의 주문 같은 말 주고받다 다시 들어왔다
나가기를 서너 번
무슨 일일까
일 학년이지, 칼을 뽑았으면 휘둘러야지
왜 그래
무슨 말이든 해봐 다 들어 줄게

새까만 눈에 나를 넣고 데굴데굴 굴리더니
손가락 총 빠빵 쏴

선생님이라고 불러야 할지
할머니라고 불러야 할지
몰라서란다,

더울 때 번진다

네 살 먹은 지안이
집안에 흐르는 이상기류 정도는 파악할 줄 안다
엄마 앞으로 바짝 당겨 앉아 앙가슴을 두드리며
디안이는 아빠 도아
디안이는 아빠 도아
엄마, 엄마는 아빠 도아?

아니, 싫어
아빠, 하나도 안 좋아

"……
좋테메에,"

우르릉, 터지는 지안이 말문에
방으로 삐져 갔던 아빠는 두 팔 번쩍 들고
말문이 막힌 엄마는 빵 천둥이 내려쳤다고
지안이 외할머니한테
지안이 엄마가 자랑처럼 이른다

그래,

그 놈 되게 급했던가뵈
그 봐라
급하면 네 살도 해내는기라
졸음을 핑계로
돌아누우며
지안이 외할머니 혼잣말
그런 힘으로 또 살아지니라
암만, 지안이 혼자는 외롭데이

가이아의 가설

부재중 전화가 떴다

한창 바쁠 시간인데 무슨 일일까

급한 마음이

전화를 한 번 두 번 세 번
열 번
백 번
안 받는다

간밤의 꿈을 더듬고
아침 뉴스를 더듬고
마지막 나눈 대화를 더듬고

오 분이 오십 년이다.

속죄

내 귀속에는 쓰르라미 가족이 산다
쨍쨍한 햇볕이 내리는 여름
키 큰 미루나무 가지 꼭대기서 울어대던
네가
내 귀방에 세를 들었다
아니다, 무단 점입가경이다

어지럽게 올려 보기만 했을 뿐
한 마리도 잡아 가둔 적 없는
내게
왜 이러나 싶다가
아,
아니구나
곤충채집 방학숙제 때문에
딱 한 마리 가뒀구나

계절도 없이
밤낮도 없이
내게 와서 우는 이유
겨우 알았다

가을태풍 콩레이

누구야
서쪽에서 태어나 동쪽으로 머리를 두고 사는
마당놀이 막장처럼 바다를 막 쓸어 오는

Pc간판이 상모를 돌리며 아슬아슬 진모리 자진모리 휘몰아간다
통영 부산 울산 차례대로 두드리는 돌림 북 난타다.
태어나면서부터 저기압, 묻지 마세요 광기다
맞고 쓰러진 저기
이 세상 다시는 태어나지마라
물 어벙벙한 저기
이번 생은 제대로 틀렸다
애쓰지 마라
늘 다니던 마음 끊어 호수처럼 반반히 물 잠가 놓고
내가 언제 그랬냐
시치미 뚝 떼고
여봐란 듯 슬쩍 드높아진 거 봐라, 가을하늘
너였어,

젊은 날 받은 상처는 가끔 약이 된다지만

이미 고개 숙여 사는 사람에게 가한 상처는 깊이 병이 된다
다 아는 말,

태생적 나 타고난 대로 어찌 못해 살았다
죽을힘으로 살았다
동해, 바다 다 왔을 때 힘 빠지고
돌아보니 일일이 미안함만 남았다

격리된 미륵산

간밤,
보신각 종소리도 없고
부모자식 형제자매 피붙이들 살가운 정도 없이
배낭하나 메고 나선 길
북신시장 중앙시장 서호시장 해저터널 지나
미륵산
용화사 앞
바위틈에 걱정 같은 고드름만 주렁주렁하다
고드름을 따 입술에 가져다데어 본다
차가운 생은 어쩌다 여기까지 흘러왔나
바이러스처럼 오만가지 생각이 눌러 붙어
산을 오른다,

재래종 동백이 춥다고
조그만 얼굴을 내밀고
웃을 듯 울 듯 지고 있다
세상이야 코로나로 가든 말든
계절은 제 갈 길을
올곧게 가
지천으로 피어날 얼레지군락지에 오늘은

산 꿩 한 마리 춥다
격리중이신가
두리번두리번 주위를 살피는 너도
나처럼
산에 있어도 마음은 그 콩밭이겠다

불치병

경운기도 언자 내 말 안 듣는다
보청기를 빼 던지고, 나도 경운기 말 안 듣겠다
쉰 아들한테 네 놈쯤이야
팔씨름을 걸어 반분이라도 푸는, 아흔

봄날, 기어이 경운기랑 한 판하다 등뼈 갈비뼈 금이 갔다

병실 흰 천장에 고추심고 가지심고 호박심고 오이도 심고

부지깽이를 거꾸로 꽂아도 잎 핀다거나
송장도 일어나 일손을 돕는다거나
주인은 놉 열 몫을 해야 한다던가

이만큼 사는 게 다, 누 덕택이고
세상은 은혜 모르는 놈들로 가득하다

일 못다 하고 저세상 가신 조상이 있지있어 자식들
봄이 원수다

귀에 거슬리는 말, 더 잘 들리는 보청기 끼고

불편한 뒷모습은 안 보는 척 무심한 척
몸조리하시라는 인사말에
바빠서 죽을 시간이 없다

오동나무에 들다

비갠 오후
꽃잔디밭 제 집을 나와 굳이 현관 안으로 지렁이 한 마리 기어든다
앞도 뒤도 없이 모래를 떡고물처럼 둘러쓰고
누구에게 한 번도 대든 적 없는 저 숨은 대가리
한번은 꼿꼿하게 세우고 싶었던지
구불텅 꾸불텅 치켜든다

눅눅한 세상이 싫다
소리 전 굽는 냄새를 따라
제삿날도 잊고 노래방 기어드는 무지렁이
조명 빛에 선창 후창 혼자도 돌림노래 뼈대도 없이 꿈틀대다
잡혀가
형님, 형님 차롑니더, 벌떡
잔 올리라, 받아든 제주잔 잡고
천두웅산 바악달재가, 허벅지 장단 구성졌다던 그

먼저 맞는 매가 나은 줄은 알았던지
평생에 맞은 매 다 거두어 기어든다

폭탄주 같은 오동나무꽃 환한 때
젊은 마누라며 새끼들 볼 거 없이
저 혼자 서둘러 오동나무 관에 든다

지렁이 소반에 쓸려 저 쪽 세상으로 버려진다

3부

가을장마

오래 앓는 산후우울증이다

황금 들판 옹골지게 낳아 놓고, 왜 저러나
한더위를 살아도
바람 한 점 틈 없고
그 흔한 소나기 한 줄기 허락하지 않아
오죽,
태풍이라도 기다려야 했던

그 모진 여름 다 갔는데

왜 저러나
왜 저러나
낱낱이 눈뜨는 것, 흐리게 보나
온 세상을 저리 오래 울리나

미운 일곱도 울퉁불퉁한 사춘기도
없이,
중이병도 고삼병도
없이,
결핍도 환하던 아이가

짝

어디를 먼눈팔다 너를 놓쳤을까

농짝 속
봄여름을 갈아
가을겨울을 얹을 때
긴 목 얼룩무늬 한 짝
짝을 기다려라, 밀쳐져
봄, 여름, 가을, 겨울 다시 봄을 읽고 있다

목이 짧은 얼룩무늬는 쳐다보지 마세요
내 취향 아니예요
목이 늘어난 검정
가던 길 가세요

기린처럼 사슴처럼 긴 목 얼룩무늬, 탱탱한 내 짝이 곧 올 거예요

쓸 만하다
쓸 만하고말고, 아직은
자아에 주문을 걸며

기다리던 버티던 긴 목 얼룩무늬
텅텅,
간이며 쓸개며 속 다 게우고 빈손 터는 농짝 본다
미련 같지만 그 농짝 앞을 기웃거려 본다
혹시 쓰레기통을 본다
없다
짝짝이도 내가하면 로맨스지
농짝 문을 걷어차고 이제는 내가 너를 버린다

짝짝이 양말 유행 시조가 된
긴 목 얼룩무늬

물의 길

천수답 물길 돌려

콩 심고 깨 심고 고추 심어 삼십 년, 밭

두량하던 사람 하늘가고

혼자 맞는 우기

돈다, 돌아 물길

펄이 찬 두렁을 웅굴 내고 밭으로

밭으로 살지만 속속들이 밭이었던 적 없다는 밭으로

절반은 마르고 절반은 젖은 한 필지가

바다를 메워 만든 매립지처럼

산을 깎아 세운 절개지처럼

불편, 부당하다

되돌아가는

할머니라는 이름

여행 중에
아비한테 혼나고 너가 운다
어미한테 혼나고 또 너가 운다

아비야 어미야
애한테 너무 그러지마라

그 어린 것이 무얼 안다고 그리 센 훈육이냐

비행기를 타고 간 그 먼 거리에다
너를 두고 간다니

서럽게 서럽게
울음을 추스르는
너를 안고 나도 운다

'그러려면 데려가서 키우세요'

슬며시 너를 내려놓는데
꼬리뼈를 올리며 복받치는

나의 이 서러움은 어디서 오나

그래,
울지마라 아가야
너가 잘 몰라서 그렇지
울어서 해결되는 세상일은 하나 없단다

더구나 너는 사내 아니냐

서울로 간 나비

왕복 팔 차선
나비 한 마리 귀를 막고 횡단보도를 건넌다
몽환 중인지
휘청 길을 비틀다
가까스로 중앙분리대를 넘어
건너편 인도에 풀썩 주저앉는다
날개를 접었다 폈다 숨 고르기 중
아, 나비다
자전거를 타고 가던 아이가 우뚝 서자
부끄러운 듯 민망한 듯 얼른 솟구쳐
아파트 쪽 경계 울타리를 넘고
이 층 삼 층 사 층
저 삼십오 층을 오르나
막 서쪽으로 기우는 햇살이 부셔
보이지 않는다

농어촌 특혜랍시고 입성한 촌놈
저도 모르는 빚두루마기 입고
지하방이거나
옥탑방이거나

부리나케 오가며
심하게 꿈을 앓는다
꽉 찬,
나이에도 혼인은 꿈을 안 꿔
그만 내려오라
참한 사람 있다
불러도
이어폰으로 귀를 막고 다녀
들리지 않는다

역사

발목에 거머리를 달고
아버지 어머니 모내기하던 천수답
묵정밭 될까 봐
농막을 지어놓고 주말마다 형제들 모여 어설픈 농사짓는다
비가 오면 뻘밭이고
가물면 논바닥같이 쩍쩍 갈라지며 돌이 되는 흙
밭작물이 제대로 될 까닭이 있나 싶어도
쌀밥 한 톨이라도 더 먹이려던
부모님 생각하며
형제들 모이는 재미로 한다

벌을 타는지 막내가 또 말벌에 쏘였다
하필이면 왜 나냐고 볼멘소리 형제가
말벌 집을 통째로 떼와
보란 듯이 문 앞에다 던진다
막내가 돌아서기 무섭게 따라온 말벌 특공대
내어 놓으라
내어 놓으라
유리벽에 머리를 처박고 들이받고
윙윙

왕왕

농막을 에워싸고 벌이는 공중 전투다

애프킬라를 뿌려도 물러설 기색 없다, 해봐

죽음 같은 건 두렵지 않다고 벌벌 덤비는 카미카제다

말벌 역사에 길이 빛날 용기다

역사란

그냥, 그저 얻어지는 게 아니라고,

누군가는 이렇듯 목숨 바쳐 지켜낸 것이라고,

핸들이 서쪽으로 꺾이다

평상에 엎드린 그릇이 눈물 고드름 달고
종일,
젖은 손바닥에 뜨겁게 달라붙는 대한 즈음이다
초저녁부터
가쁜 숨을 내쉬고 들이쉬며 버선목을 당기는 섣달
초사흘 달이 가만가만
가슴에 묻은 아들이랴
금성 같은
샛별 같은
개밥바라기 달고 오신다
스무 번도 더 온 길을 더듬더듬 오신다

먹어도
먹어도 여덟 살 뿐인, 아들 입에
탕국에 밥 말아 넣으며
마른 논에 물 대는 기쁨이나
자식 입에 밥 들어가는 기쁨이나 이야기하면서
배고픈 설움이나
엄마 없는 설움이나 이야기하면서
어디 보자 내 새끼

아이의 추위를 다독인다

제관들
편하게 드시라 돌아앉는 사이
커도 늙도 못한 나라가
잠시 열렸다가 닫히고
이승의 칠 남매도 모였다가 흩어진다
먹지 않아도
배부른 당신이 남기신
산적, 나물, 생선마리 싸, 돌아가는 길
앞서가는 서쪽하늘이 반짝반짝 정답다

참 낯설다

천리 길이 몰아쉬는 숨으로 들어서는데
봄날 병아리같이 움츠리는 네가
어미 죽지 밑에 숨다가 그도 불안한지
벙어리 시늉 몇 마디하고 볼록한 기저귀 뒤뚱거리며
안방으로 도망가 문을 잠그다
문틈에 손가락이 끼어서 한줄기 폭우에 천둥까지 쳤다

에미 애비에게 병원으로 바쁜 걸음 시켜놓고
천리 길이 혼자 앉아
미안하게 바라보는 사진 속
앙 버티고 선 두 다리며
단단한 뱃구레며
울림통이 보이는 목둘레며 길지 않는 울음도 영락없다
멘델이 소크라테스 손잡고 휘이익 지나간다
싫으면 소리치고
던져버려야 하는
저, 분명한 호불호는 또 누대를 타고났나 싶다
한 며칠, 마삭줄을 담쟁이라 우기는 서울에서
채 화해도 못하고 천리 길이 왔던 길을 돌아가며 부탁한다

그래도 그렇지
너어, 내 딸 너무 애먹이고 그러지 마라
좀 심하더라
아프고, 울고, 열나고, 짜증나고, 소리치고, 던지고 그런 거
차창에 혼잣말이 꼬여서 나온다

역귀성

작은 추석날 첫차를 타고 서울남부터미날 도착 열시
마중 나온다는 아들을 기다린다
다가오는 모든 아들에게 목을 뺀다
지나가는 뒷모습은 다 놓쳐버린 내 아들이다
약속시간 늦은 삼십 분이 널 낳아 기른 삼십 년만큼 길다

추석날
롯데서울스카이서 일몰을 본다
한강 이남, 강남땅을 눈대중으로 내려다본다
123층에서 보는 서울 하늘은 그저 한가하다
외할머니 손잡고 이모집 찾아오던 오십 년 전
서초동 그 골목은 저기 어디쯤일까
동네입구 비닐하우스에는
미나리 농사를 짓고 있었는데

명절 연휴를 지내고
아들 딸 손자 손녀 바이바이하고
혼자 돌아간다
남으로 남으로 가며 생각한다
명절에야 한번 보는 강아지들을 몇 번이나 더 보고 살다

갈까, 생각하다 눈물 난다
왜
굳이 서울이었을까
죽어도 서울이었을까
그냥 적당히
옆에 두고 살 걸

삼대

갓 여섯 살이
뷔페에서
구천 원 내고 삼만 원어치는 먹는다고
먹방 한 컷 보내왔다
왠지 덕 본 느낌이라
하하 웃다가
안 된다, 뱃구리 커질라
조금만 먹여,

다시 키울 수 있다면
너도
조금만 먹여서
뱃구리 작게 키울 건데
마흔이 넘도록 그놈의 다이어트한다고
스트레스 받는 걸 보면
하는데

보리흉년에
사나호태풍에 태어났다는
그 배는요,

그땐
먹을 것도 없었을 건데
한다

부탁한다
- 외손녀에게

열이 나서 파르르 떨면서도
아프냐, 물어보면
말갛게 쳐다보는
너는 울어도 예쁘다

잘 놀아서
아픈 줄 몰랐다는
어린이집 선생님을 원망하며
불덩이 같은 너를 안고
네 에미 먼저 울었다는
너는 울어도 예쁘다

너 낳을 때 너무 참아서
잘 참는 유전자가 발현됐다
크렁크렁 고이는
네 에미의 말
너는 울어도 예쁘다

세상에 내 딸을
나보다 더 걱정해 주는

너는 정말 울어도 예쁘다

언젠가
세상사 부려 놓고
왔던 길 돌아갈 제
널 믿고 이제는 홀가분히 갈 수 있겠다

나 없는 후제에도
내 딸을 잘 부탁한다

생략된 이야기

자다 깨어 물을 마시다
도무지 뭘 먹고 이 갈증—

세상은 아직 내 뇌리만큼 캄캄한 시각
잠들지 못하고
어제를 떠올리지만
모락모락 피는 가습기 안개
치매를 걱정하던 친구 생각
덜컥—

찻물을 올리는 의식
바글바글 생각이 끓는다

벌써 이 해도 다감
신발 원정대*, 동시집에
보내온 시인의 메시지
한 살씩 나눠 먹자는 얘긴 줄—

한밤중에 자다 깬 신발이 멀뚱멀뚱 본다
짐짓, 현관문을 여닫는다

바깥바람 쌩 들어서며 건네는-

너,
불편한 건 알아서 지워
아직 숨을 쉬고 사는 거야
목숨 걸고 우기던
간밤도 다 네 것이 아닐지도 몰라-

*2022 송찬호 시인 동시집

어머님 영전에

잠이 덜 깬 이불속 전화벨을 더듬어 흠칫, 몇 신데?

엄마, 할머니 돌아가셨답니다

원망과 참회에 목이 메는, 아들

가을볕에 콩과 팥을 섞어 놔도 곱다던 손자는
이혼한 며느리의 아들이고
천금 같던 그 손자를
이 눈치 저 눈치 보느라 멀리 두고 산 어머니
임종 달포 전쯤
보고 싶다 보고 싶다 손자, 손에 달려 온 갓 돌배기 증손
오십만 원을 쥐어주신
당신 전부였을
무슨 돈이 있다고
오랜 병석

안 죽고 살아줘서 고맙다던 어머니,
새끼들 잘 거둬줘서 고맙다던 어머니,
눈에 흙 들어가기 전, 그년 안 본다던 어머니,

자식 이기는 부모 없어 그냥 보고 살던 어머니,
 전화기 잡고 원망할 때마다 수화기 살며시 먼저 내려놓던 어머니,

 사십 년이 한꺼번에 와 무너지는 폭우

 한순간도 마음은 당신 자식 아니었던 적 없습니다

 먼 길입니다, 어머니

 부디 편안히 흐르십시오

거미 가족 이야기

여름을 깎는 잔디밭에 가을비가 내립니다
떨어져 누운 잔디에도
남겨진 뿌리에도 골고루 내립니다
잔디밭에 무허가 집을 짓고 살던
거미 가족,
어린거미가 우왕좌왕
한때 행복했던 집의 흔적을 찾아 정신 줄을 놓은 듯합니다

잔디밭에 거미집이라니,

뜨거운 여름을 같이 건너온 잔디가
뒹굴고 함께 놀던 잔디가

천지사방,
매달려 볼 언덕 하나 없는 허공에
가을장마가 들 것이라는 불길한 예감
빗속에
이사를 하는 일도
새집을 마련하는 일도 쉽지 않을 텐데
일기예보는 늦도록

비,

돌아갈 집을 잃는다는 건
생을 온통
뿌리째 뽑히는 일이라서
사람이나 미물이나
저렇게 정신 줄을 놓고
혼비백산할 일인가 봅니다

사랑圖

생각난다
귀를 막아도 들리는 생각
눈을 막아도 보이는 생각
날이 밝고
해가 지도록
생각하고 싶지 않은 생각을 생각한다
생각에 생각이 뒤섞인 생각들은
맨 처음부터
생각 위에 생각을 그려 넣은 그림 같은 것
생각을 놓기 위해
항생각제를 먹었고
그러나 생각난다
생각으로 생각이 얽혀 어지러운 생각
생각을 조심하라
나의 그 한겨울 서릿발 같은 생각을 불쑥불쑥 키운다면
그 생각에는
생각을 지울 생각은 생각 없나
그런 생각마저 빠짐없이 섞여 있다.

귀밑 어디쯤 사랑을 계량할 스위치를 달아

이 지겨운 그림을
이제는 그만 내리게 해주소서

전기주전자를 가스렌지에 올려 불이 끓는 아침이었고
전자렌지에 전기밥솥을 넣고 불을 튀기는 저녁이었다

봄비

따스한 봄볕 업고 도랑물 흐르겠다
도랑가 미나리꽝 화들짝 깨나겠다
어머니 봇도랑에 앉아 미나리꽝 여미겠다

도랑가 미나리꽝 나날이 푸르겠다
향 짙은 봄미나리 한소끔 데치겠다
식구들 두레상에 앉아 봄비보다 푸근겠다

4부

욱여넣은 말

품 떠난 지 한참 된
딸,
생일 아침
오랜만에 신명 난 어미
참 좋은 계절이야, 그렇지
들고 온 봄을 한껏 풀어
나물 무치고
생선 구워
미역국 끓이는데

아, 비린내
아침밥은 안 먹어요
모닝커피 향 좋다, 홀짝 마시고 나간다
삼시 세끼 차려주고 살 거 아니면 먹는 거로 잔소리 같은 거 마시오
선수 치고 나간다

나 늙어 병들면, 너 욕하는 치매 걸릴 거…

이명에 들다

매미가 운다 탈곡기 벼이삭 털 듯
와롱와롱 운다
매미가 운다 내가 나답게 살지 못했다
매롱매롱 운다
매미가 운다 내가 나답게 살고 있을까
와롱매롱 운다

불안을 걸어 잠그고
위안을 끌어 덮어도
오늘이 깊을수록 혼자서도 왁자지껄 운다
지성이 확장하지 못한 감각은
예수에도
석가에도
감수성이 모자라
나르키소스
자만 안에 비치는 오만을 들여다보다
목젖까지 가득 찬 耳順을 발견하고
오래된 목을 놓는다

이순이순 매롱,

이명이명 매롱,
빗나간 평생이 떼로 몰려와
부득부득 우기며 운다

내 그림자의 배후를 아십니까

술 한 잔 기울인
밤의 사각지대
눈코 다 지우고
휘청거리며 따라오는 너

뒤통수의 기시감
획 돌아보면
아니야, 난 아니라고
색깔 같은 건 입지 않았다
검은 돌 흰 돌 들이밀며 숨죽이지

따라나서는 강아지를 집으로 몰아넣듯
발을 굴러
땅을 차
돌을 줍는 시늉,
돌을 던지는 시늉
다 따라 하며
지나가는 자동차 불빛에도
경중경중 나를 조롱하는 너

그래그래,
세상은 늘 내가 나를 배신하는 사각지대였지
내가 날 배신하고 걷는 밤길
내가 날 지목하는 자의식의 배후

통제영의 봄

혼자도 봉기처럼 이순신 공원
칼이든 붓이든 쓰임에 충실했던 장군의 동상 아래
납작납작 뒤집는 봄도다리 같은 바다를 배경으로 쑥을 캔다

유난히 쑥이 많던 밭둑이 있었지
밭둑 무너진다
일하던 낫을 들고 쫓아오는 밭주인이 벙어리였지
쑥 소쿠리도 버리고
도망치던 아이 중, 한 아이
자기 집 앞을 지나 다른 골목으로 달아나더라지
왜,
다른 아이들처럼 집으로 와야지
등짝을 치며 역정 내던
엄마의 딸 대여섯 살쯤

올해도 뿌리 돋는 새 쑥처럼 억울한 해명

밭주인 벙어리가
뉘 집 아인 줄 알면
엄마한테 쫓아와서

어버버버
어버버버
낫으로 말을 할까
그랬다고
그랬다고

머위 쌈

늦은 봄날
늦봄 같은 머윗잎을 한 움큼을 줄기째 보내왔다
가죽나무 센 잎도 한 가지 꺾어 고명처럼 얹혀왔다
그새, 봄이 지나갈까봐
얼른 밥을 안치고
머윗잎을 푸욱, 찐다
손바닥에 축 처지는 머윗잎 살살 펴
밥 한 숟갈 놓고, 곰삭은 젓갈
곡멸치* 한 분 보쌈해서 입안에 슬쩍 밀어 넣는다
미처,
쓴맛을 우리지 못한 머위 쌈에
멸치젓갈 구수한 감칠맛은 위안이다
아, 이 맛
이 맛이면,
생각 끝에 매달리는
뭉클함
물컹하게 삶은 이 머위 쌈을 참 좋아했다
쌉쓰름한 이 머위 맛을 안다는 것
구수하게 곰삭은 젓갈 맛을 안다는 것
다 늦어버려

늦은 만큼 편안한 생
의 맛을 안다는 것일까
오랜만에 세상속이 두루 편안하다

*곡멸치: 까나리치어

미운 다섯 살

옛날에 굴개굴개 울면서 말을 안 듣는 청개구리가 있었는데 엄마가 산에 가라 하면 강에 가고 강에 가라 하면 산에 가, 애가 터진 엄마가 그만 병이 났대 점점 병이 깊어진 엄마는 마지막으로 청개구리야! 청개구리야! 엄마가 죽으면 강에 묻어다오 부탁하고 죽었대, 뭐든 반대로 하는 청개구리니까 강에 묻으라면 산에 묻겠지 하고, 그런데 엄마가 죽자 청개구리는 그때야 잘못을 빌며 마지막 엄마의 부탁은 잘 듣겠다고 다짐하며 정말로 엄마를 강가에 묻은 거야 그런데 비가 오면 강물이 불어나 엄마 무덤이 떠내려갈 것 같아 청개구리는 엉엉 울어, 비만 오면 내가 잘못했어요. 내가 잘못했어요. 엄마 엄마……

한숨 내쉰 다섯 살, 나 그거 다 알아 할머니 근데 그 청개구리 아빠는 어딨어? 살아있지

이바지 음식

인륜지대사
좋은 것만 고르고 골라, 연사흘 찌고 굽고 무치고, 잘 살아라
때깔 나게 살아라
청실홍실 엮은 이바지음식
청꽃 홍꽃 터질 듯 피는 보자기꽃

송이송이 찌르는 장미이다가
마디마디 피우는 가시이다가

서른 해, 돌려 보는 화면이 흐릿해지는 눈가 바람 한 점 인다

돌아보지 말고 가거라, 가서는 기죽지 말고 살거라
바람이 전하는 말

담장을 기대 살던 햇볕이
쫄랑쫄랑 겁도 없이 오월의 신부를 따라가다, 길 끝

떠나는 마음보다 보내는 마음이라고
진자리 마른자리
니도 딸 낳아보라던, 그 눈물 오늘에야 마른다

발가락이 닮았다

딸이 딸을 낳아
일곱 살
유투브를 열어
제 엄마가 좋아하는 노래
방탄소년단의 다이너마이트를 들려준단다
'나중에 가수들 쫓아다니기만 해봐라'
'왜, 엄마도 데려갈게'
그래 그럼, 생각해 볼 게 했다고
친구 같은 딸이 좋단다

딸이 딸 자랑인데,
흥, 그 마음 영원하랴

엄마를 치마폭에 싸 시집간다던 옛날에 그녀는
어데갔노, 톡 보내는데
제 딸 활짝 웃는 사진을 톡 날린다
아고,
이뿌라 울강아지 하고 들여다보는데
고년이 요년을 낳았지 톡 온다
그래 그건 잘했네

근데 하나는 외롭다
나 죽고 나면 너,
딸이 구박하면 아들한테 가고 아들이 구박하면 딸한테 가고,

걱정마소
나는 신랑하고 죽을 때까지 잘 살 터이니 톡,
뚝이다

고모

'니는 영판 외탁했데이'
아버지 보고 싶어 고모한테 간다
내가 태어나기 전
산내면 원당으로 시집가 원당고모였다가
부북면 사포로 이사해 사포고모가 된
둘째 고모

고모네
사 칸 접 집 대청마루에는 '손 미' 효부상이 걸려있었다
유별나게 애살 많던 고모
사대 갖고 인물이 출중했던 고모
촌 부잣집 맏며느리가 그렇듯
일에 찌들어 살아도 차려입고 나서면 온 골목이 훤칠했다
층층시하를 살며
아들 넷 딸 하나
시집장가 보내고 고모부도 먼 길 보내고
여든여섯
덩그런 기역자
타고난 미인이라 아직 고운데 허리가 기역자다
효부상의 모진 세월이 비껴가진 않았구나

아버지듯
난생처음 온천욕 모시는데
지팡이를 짚고 어정어정 앞선다
서로의 삶이 고단해서 잊고 살던
피붙이 뒤를 걸으며
눈물난다

청도용암온천
벗어보니 다 외탁은 아니네
넓은 등짝이며 평평한 발바닥은 닮았네

섭리

강이 흐르며 모래톱을 쌓아 섬
섬을 가운데 두고 동서로 흐르는 강
하류, 퇴적물이 만든 삼각주

밭매기 골병든다,
신작로가 밭을 팔아서
물 좋다,
하류 논 닷 마지기 대토
맘 놓고 쌀밥 먹겠다던 어머니
그 쌀밥 몇 해나 드셨나

그 논보다 그 밭이 열 배는 더 비싸져
세상이 다 억울할 때
그래도 쌀밥은 안 먹고 살았냐
그 무딘 촉수의 유전자
그 무한긍정의 유전자

저 물길같이 질긴 유전자를 끌고
상류 중류 하류를 지나서야
무, 진, 심, 행

안개 속 같은
내 안에 나를
들여다본다

11월의 서정

수리수리 마수리 독수리가 왔다
독수리가 돌아오는 계절이다

천변
건강원을 지나는 전깃줄에
누군가의 죽음을 기다리며
철도 없던
까치 까마귀
높이 하늘을 올려다보고 그들이 왔단다

겨울로 가는
마른 천변을 따라가면
물 고인 웅덩이마다 청둥오리들
찢어진 똥구멍을
하늘에 내보이며 연신 자맥질이다
먹고 산다는 것
먹어야 산다는 것
저리
밑천을 들이밀고
제 머리를 박아

굴욕을 참아 내는 것
청둥오리 물위로 띄우는 물갈퀴
똥구멍이 노란봉투다

바다로 가는 천변에
사는 일 죽는 일로 서로 누렇게 뜨는 11월이다

속눈썹이 긴 현이

다섯 살
속눈썹이 긴 현이의 아라비아 칠은 늘 앞다리가 길다
꿈틀거리는 아라비아 2를 쓰고
제트하고 같네, 으쓱해지는 발견도 있다

5세 한글 익힘 책
ㅐㅁ달리다, 엉덩 ㅣㅇ, 노 ㆁㄹ, 암호같이 쓰고
매달리다, 엉덩이, 노랑, 손가락 짚어가며 읽는다
읽기는 천재다

다음 낱말에 알맞은 그림을 찾아 연결하세요
할아버지 긋고
할머니 긋고
엄마, 아빠도 긋고, 잘나가다 고모에서 멈춤
머리를 양 갈래로 땋아 내린 고운 처녀다
현이 속눈썹이 파르르 떨리다
책을 들고 엄마, 먼 엄마 찾는다
고모가 고모 아니다,
현이 긴 속눈썹이 치켜 올라간다.
주위의 식구들

저 떨고 있는 속눈썹을 재울 재간이 없다
토끼 눈을 뜨고 달려 온 현이 엄마
'혀나 혀나 왜 그래'
상황판단을 하고 까르르 넘어간다

눈만 마주치면 책 보자
다문화를 걱정하는 고모
기 팍 죽었다
다섯 살 현이에게 예순의 고모는 고모가 아닌 것이다

고비를 넘다

마음에 준비를 하십시오
오늘밤이 고비입니다
회진, 온 흰 가운의 말을
당신이 들을까봐 그를 슬쩍 밀쳤다
밤이 깊어지자 다시
흰 가운이 와서 당신을 밀어 자리를 옮긴다
직감적으로
차례다
출산대로 옮겨지는 산모처럼

당신이 무서울까봐
시선을 돌리기 위해 눈을 맞춘다
그 태산 같던 당신이
쫓기는 사슴의 눈빛이고
쓰러진 사슴의 숨결이다
만져보는 다리는 불 지피지 못한 구들장 같이 냉골이다
찡그린 미간에다
보고 싶어요, 누가

바람같이 새는 말,

입술을 붙여 엄, 입술을 떼서 마, 엄마
하느님도 부처님도 아닌 엄마다
반세기 전에 돌아가신 당신 엄마를 부르는 것이다
아흔넷
마지막 고비를 넘어가는 당신이
엄마를 찾는 듯
기억을 쫓는 듯
허공을 휘저으며 초점 없는 눈을 떴다
감다,
그 아득한 고비 고비를 넘어
내일 아침 엄마한테 간다

아, 아버지
– 사망진단서

내 병은 내가 안다
곡기를 끊고
정신은 더욱 맑아져
수액도 영양제도 피주사도 바늘 뽑아 던지고
날 욕보이는, 다 도둑놈이다

집에 가자
집에서 죽고 싶다
끝내, 산소 호흡기마저 손수 빼버리시고
입원 일주일째

잘 살아라
다 살아라
얼굴마다 눈 맞추고 인사하시던 간밤을 뒤로하고
이 아침 서둘러 가시네
불러도
눈뜨지 않으시네
대답도 않으시네
생전에 불편한 고지서는 말없이 머리맡에 밀어 놓으시듯

이천이십사년 일 월 이십 일 아침 여덟 시 삼십사 분
밀양시 밀양대로 밀양병원
직접 사인 심폐정지
원인 폐렴
위와 같이 사망을 선고합니다

몸의 기억은
유전자의 기억
당신이 당신을 잃고 하던 오래된 그 통곡을
나는 오늘 나를 잃고 목을 놓습니다

어느 장군의 무덤

고정되었던 창문을 뜯어내자
창틀 사이에 장수잠자리 한 마리 거꾸로 박제돼 있다
잠자리 날개 고임으로
똥파리 두 마리는 부장품
거미 밀서
축복처럼 겹겹이 쌓여
희미한 그의 죽음을 덮고 있다
발밑에 나뒹구는 건 똥파리 부라린 눈뿐
장대 끝에 높이 앉아 전장을 지휘하던 겹눈의 위엄은 꿈속에 꿈이다

바람으로 왔다가
바람으로 사라지는
생이여
진실을 품었을 가슴은
삭아서 한 조각 먼지다
없는 머리는
기회주의자나 승자독식의 희생양이던가
조정대신들 흑백논리의 면피용이던가
잠자리 날개를 들어

바싹
봄볕에 조명해 본다

목 없는 장군의 무덤을
칠 년 전쟁을
칠천량 해전을
사후 사백이십팔 년의 침묵을

| 해설 |

액체 근대의 사랑과 상처의 가족시학
– 손수남 시집 『일리아스를 읽는 밤』

이상옥(시인, 창신대 명예교수)

지그문트 바우만의 '액체 근대liquid modernity'는 현대 사회의 특징을 잘 드러낸다. 오늘의 사회는 액체처럼 유동적이고 불확실하다. 가족제도도 마찬가지다. 고체 근대에서 액체근대로 이행되면서 가족은 혈연적 결속, 도덕적 의무 등에도 유동적이다. 바우만에 의하면 사랑도 '액체적'이다. 사랑을 기저로 가족도 백년해로하는 것이 전통적 미덕이었으나 액체 근대에서는 영원히 지속되는 것이 아니라 필요와 욕망이 충족되는 동안에만 유지되는 조건부 관계로 변모했다. 가족은 더 이상 운명 공동체가 아니다. 계약결혼이 아니더라도 실제적으로는 '계약적 연합'으로 언제든 해체될 수 있고 파괴

될 수도 있는 것이고 더 나은 대상을 발견하면 이동하는 것이 자연스러운 추세처럼까지 보인다. 전통적 가족 제도 속의 개인은 억압과 강제의 도덕적 의무 관계에 속박됐다면 액체 근대에서는 스스로 관계를 변경하고 재구성할 수 있는 자유로운 존재가 됐다. 개인의 자유는 확장됐지만 그로 인한 불안정과 상처는 또한 그 개인이 감당해야만 한다, 액체 근대에서는 '액체적 인간'으로 살아가야 하지만 전통적 세계관을 지닌 이들은 적응하기가 쉽지 않다.

손수남 시인은 이번 시집에서 여성성을 바탕으로 하는 가족시학의 리얼리티를 개인사적 체험으로 기술하되 그것을 보편성으로 끌어올리는 의미심장한 한 시적 성취를 이뤘다. 가족 테마의 이 시집은 한 여성의 생애를 관통하는 내밀한 기록이자, 동시에 동시대 여성들이 공명할 수 있는 집단적 서사를 생산해 낸다. 그는 어머니·할머니로서의 여성성을 액체 근대에서 어떻게 부딪치며 치열하게 살아내고 있는지를 아프게 보여주고 있다. 이 시집 속에서 여성성은 두 가지 방향으로 드러난다. 하나는 자녀와 손자를 향한 끝없는 돌봄과 사랑의 힘이고, 다른 하나는 부모와 시댁에 대한 또 다른 정서의 양가성이다. 이 가족시학은 전통적으로 효, 가부장, 제도적 혈연으로 이해되어온 가족의 의미를 되물으면서 액체 근대에서의 여성의 몸과 감정을 통해 겪는 생생한 사랑과 상처의 리얼리티를 드러낸다.

따스한 봄볕 업고 도랑물 흐르겠다
도랑가 미나리꽝 화들짝 깨나겠다
어머니 봇도랑에 앉아 미나리꽝 여미겠다

도랑가 미나리꽝 나날이 푸르겠다
향 짙은 봄미나리 한소끔 데치겠다
식구들 두레상에 앉아 봄비보다 푸근겠다

―「봄비」전문

이 시는 봄비 내리는 봄날의 풍경과 어머니와 식구들의 정다운 모습이 투영돼 있다. 이 시가 단순히 계절의 풍경을 묘사하는 데 그치지 않고, 전통사회 가족의 생활세계와 그 이상을 원형성으로 드러내는 데 주목해야 한다. 시 속의 봄비와 도랑, 미나리, 두레상은 단순한 자연이나 사물의 묘사가 아니라, 공동체와 가족이 함께 누리는 고체 근대 삶의 상징적 기호들이다.

어머니로 표상되는 전통사회의 원형성은 봄비에 젖은 미나리가 도랑가에 싱싱하게 돋아나는 모습으로 생명의 회복과 풍요의 약속을 담고 있으며, 그것은 곧 가족 공동체가 유지되는 삶의 바탕을 의미한다. 또한 "어머니 봇도랑에 앉아 미나리꽝 여미겠다"는 전통사회의 가족 질서를 집약한다. 봇도랑에 앉아 미나리를 다듬는 어머니의 모습은 단순한 노동 장면이 아니라, 가정을 지탱하는 근원적 존재로서 어머니가 가족의 밥상을 준비하는 상징적 행위이다. 여기에는 어머니를 중심으로 한 가족 공동체의 조화와 돌봄의 가치가 원형적으로 투영된다. 이 시는 봄이라는 계절적 배경 속에서 전통사회 가족의 원형적 이상을 되살린다. 봄비는 생명의 기원이자 공동체의 근원적 활력을, 어머니의 손길은 가족을 지탱하는 모성의 상징을, 두레상은 공동체적 삶의 합일을 드러낸다. 시인이 그려낸 봄날의 풍경은 전통적 가족의 원형성과 그 이상성을 상징적으로 보여주는 서정적 기록이라 할 수 있다.

문제는 이런 전통사회의 원형성이 액체 근대의 등장과 함께 파괴됐고 파괴되고 있다는 사실이다. 그럼에도 손수남 시인은 여전히 이 시 속에 등장하는 어머니의 자의식을 지니고 있다. 전통사회의 원형성을 세계관으로 지닌 시인은 오늘의 공동체적 가정의 균열을 드러내는 해체적 현대사회 속에서 그것을 복원하고자 하나 이미 시대 조류가 바뀐 새로운 패러다임의 현실 속에서 사랑하며 아파하고 고통하는 모성으로서의 여성성을 드러낸다.

예순을 뺀, 일곱 살이
일곱 살에게
이 세상에서 니가 가장 소중하다고 했다.
너 없이는 살 수가 없다고

일곱 살이

예순을 뺀, 일곱 살에게
그건 절대, 절대 안 된다고 한다
사람은 누구나 자기 자신이 가장 소중해야 한다고

내가 소중한 줄 알아야
남도 소중한 줄 안다고

밥 먹다 핑 핑 밥알이 튀었다
앞니 빠진 개오지 잇빨 사이로

—「개오지의 열정」

  할머니와 손자의 대화를 주조로 한 이 시는 할머니 세대와 손자세대간 가치관의 충돌을 예리하게 드러낸다. 할머니와 손자 사이를 매개로 하는 어머니가 여기서는 등장하지 않는다. 손수남의 캐릭터인 서정적 자아는 앞의「봄비」에 나오는 어머니의 정서를 아직도 간직하고 있는 전통적 세계관의 소유자이다. 그 어머니의 세계관은 화자의 딸인 손자의 어머니를 거쳐 손자에게 전해지지 못하고 있다.
  이 시에서 할머니는 전통적 세계관을 지닌 인물로, 가족을 위해 무조건적인 헌신을 삶의 본령으로 삼는다. 그녀에게 가족은 자신을 소진하면서도 지켜야 할 최우선적 가치이자 존재 이유이다. 반면 손자는 해체적 가족관을 지향하는 세대의 목소리를 대변한다. 그는 개인의 자유와 자기 삶의 선택을 중시하며, 가족을 위한 무조건적 희생을 당연시하지 않는다. 이러한 대립 구도는 단순한 세대 차이를 넘어 우리 시대 가치관의 균열을 보여준다. 한국 사회에서 가족은 오랫동안 공동체의 원형적 단위로 기능해 왔으나, 근대 이후 개인화가 심화되면서 가족적 결속력은 점차 약화되었다. 할머니의 세계관은 과거 농경사회적 윤리의 연속선상에 있고, 손자의 인식은 후기 자본주의 사회가 요청하는 자율적 주체의 사고에 가깝다. 이 둘의 충돌은 필연적으로 갈등을 낳을 수밖에 없다.

시인은 이 갈등을 비극적 단절로만 그리지 않는다. 오히려 두 세계관이 맞부딪히는 장면을 통해 새로운 화두를 제시한다. 전통적 가족 가치가 여전히 인간의 정체성과 삶의 기반으로서 의미를 가지는 동시에, 개인의 자유와 선택권을 존중하는 현대적 가치 또한 무시할 수 없음을 환기시키는 것이다. 이 시는 '가족'이라는 제도가 어떻게 변화해 왔으며, 앞으로 어떤 모습으로 나아갈지를 묻는 성찰의 장으로 기능한다. 이 시는 세대 간 단순한 갈등의 기록을 넘어, 전통과 현대가 교차하는 지점에서 우리 시대 가족 윤리의 변화를 비판적으로 비추는 작품으로 평가할 수 있다. 그것은 가족의 의미를 둘러싼 해체와 재구성의 현장을 생생하게 드러내며, 가족을 둘러싼 가치의 균열 속에서도 여전히 지켜야 할 인간적 진실이 무엇인지 독자에게 사유를 촉구한다.

고향동네 친구들 단톡에

초등학교 입학기념, 흑백사진 한 장이 까톡 올라왔다
가슴에 손수건 단 친구들, 교문계단에 횡렬로 서 있고
그들의 언니 오빠가 제 동생들을 감싸고 뒷줄, 보호자다
열 살도 더 차이 나는 큰언니 큰오빠들이다
조막만한 친구들 얼굴은 알아볼 수 없고
뒷줄의 언니 오빠랑 맞춰봐야 제대로 알아볼 만큼
반백년이 훨씬 지난 사진이다
영미, 갑수, 원, 순조, 호태,
야, 나는 와 없노 묻기가 무섭게
뒤에 서 있네, 와르르 답이 온다
언니 오빠들도 뒤, 두 계단 더
배경처럼 뚝 떨어져 포청천 같은
저 아이, 내 아니다
니랑 똑 같다, 뭐 또 와르르 질책이 쏟아진다
그럼, 나는 왜 저 뒤에다 혼자 세웠는데, 따져 물었다
넌 맏이잖아 홀로서기 잘하잖아ㅋㅋ, 하고 답이 왔다
저들, 언니 오빠를 대신해 위로를 핑계로 변명을 해 온 거다
사진으로 유전자 검사를 할 수도 없어 그땐 그렇게 내가졌다

위로는 스스로 하는 것이다
 나는 저 조막만할 때부터 큰언니 큰누나라서 일찍부터 저 뒤에 있다
 꽃피는 봄이 가고 녹엽도 가고

어느새 낙엽 지고 으스스 바람이 분다 문득,
나도 내가 그립다
내가 인정하지 않으려 했던 그 사진을 꺼내 찬찬히 들여다본다
사는 것이 늘 누군가의 배경이다 그래,
— 「배경을 살다」 전문

고향동네 친구들 단톡에 올려진 초등학교 입학기념, 흑백 사진 한 장을 에피소드로 과거를 회상하며 시인은 현재의 나를 본다. 반백년이 더 지난 초등학교 입학기념 사진은 고체 근대의 한 상징이라고 해도 좋다. 가슴에 손수건 단 아이들이 교문계단에 횡렬로 서 있고 그들의 언니 오빠가 제 동생들을 감싸고 뒷줄, 보호자로 서 있는 모습은 바로 고체 근대의 질서를 잘 보여준다.

근대의 한 국면을 흔히 '고체 근대'라 부른다. 지그문트 바우만이 '액체 근대'라는 개념을 제시하기 이전의 시대를 규정할 때 쓰이는 명칭으로, 사회적 질서와 제도가 견고하게 고정되어 있던 시기를 가리킨다. 고체 근대에서 가족은 그 사회적 질서의 가장 기초적이면서도 단단한 단위였다. 부모와 자녀, 그리고 언니와 오빠로 이어지는 형제자매 관계는 혈연적 결속을 기반으로 하여 서로를 보호하고, 삶의 불안으로부터 방패막이가 되어 주었다. 이때 부모는 단순히 생계를 책임지는 존재를 넘어, 사회적 윤리와 도덕을 몸소 구현하는

권위였다. 그들의 보살핌은 경제적 차원을 넘어 정신적·도덕적 지주로서의 역할을 포함했다. 또한 형제자매는 서로의 일상과 미래를 공유하며, 개인적 고독이나 사회적 위협을 분산시키는 공동체적 울타리였다. 언니 오빠는 단순한 또래의 동거인이 아니라, 때로는 부모의 연장선으로서, 때로는 친구이자 후견인으로서 유대감을 형성했다.

앞의 시 「봄비」에서도 드러났듯, 고체 근대에서 가족은 이렇게 '안정'과 '예측 가능성'을 상징했다. 사회 전체가 하나의 거대한 규율 구조 속에 자리하며 가족 역시 질서와 위계 속에서 안전망으로 작동했다. 부모의 권위는 존중되었고, 형제자매 간의 유대는 당연한 의무로 여겨졌다. 이러한 가족적 결속은 개인을 사회의 거친 풍파로부터 보호하는 가장 근본적인 장치였으며, 누구도 혼자가 아니라는 소속감과 연대감을 부여했다. 그러나 앞에서 지적했듯이 이 견고한 체계는 액체 근대가 도래하면서 해체되기 시작했다. 유동성과 불확실성이 일상화된 오늘날과 달리, 고체 근대에서 가족은 인간 실존의 최초이자 최후의 방패였다.

손수남의 서정적 자아는 아직도 고체 근대의 포즈를 견지하고 있다. 그것은 초등학교 입학사진에서 그 원형성을 본다. 시인은 어린 시절부터 "나는 저 조막만할 때부터 큰언니 큰누나라서 일찍부터 저 뒤에 있다"라고 고백한다. 어린 시절부터 친구들의 배경이 돼주고자 했듯이, 지금도 그 생각에는 변함이 없다. 현재의 시인 목소리로 "사는 것이 늘 누군가의 배경이다 그래,"라고 인정하고 있다.

실비같이 가는 분홍발가락을 오므리고 참새 한 마리
벽•벽•벽 교실 유리벽을 깨다
할딱할딱 숨을 고른다, 어쩌다 여길 들어와

나는 참,,,,,, 새

아이들은 내가 참•새라는 걸 몰라, 보여줘야 해

눈 한번 질끈 감고 유리벽 째잭 깨봐
훤하게 보이는 바깥세상 째재잭 나가봐, 창 밖
그건 아니야 자주달개비꽃 우야꼬우야꼬 목을 빼고, 창 안
여긴 아니야 참새 한 마리 파닥파닥 목을 꺾는 후회

비는 그치고, 아이들 걱정만하다 우르르 몰려나간 점심 시간

자꾸만 도돌이표를 찍는 생각, 암만해도 나는 참•새
　　　　　　　　　　　　　　　　—「참•새」전문

제목이 '참•새'다. 참으로 '새'다라는 뜻으로 읽어도 좋다. 새의 본질을 제대로 지닌 새이다. 그것을 온몸으로 입증하는 사건이 교실 유리벽에 부딪쳐 목이 꺾인 것이다. 참새를 입증하기 위한 순교라 해도 좋다. 이건 순전히 시인 손수남의 관점이다. 손수남 시인은 액체 근대에 저항하는 '참•새'다.

　손수남은 생활인으로 또 시인으로서 언제나 치열하다. 그

는 누구보다 열정적으로 앞만 보고 간다. 삶과 시를 일치시키면서 온몸으로 영위해 나간다. 그는 몸으로 시를 살아낸다고 해도 좋다. 그래서 그의 눈은 언제나 충혈돼 있다. 일찍이 고성에서 주부 문학동아리 활동을 하고 창신대학교 문예창작과에서 시 공부를 하고 또 방송대 국어국문과에 입학해서 문학 공부를 치열하게 했다. 그리고 고성문협 회장으로서도 열정을 다했다. 그는 생을 쓰듯, 시를 살아내듯 해왔다. 그래서 스스로 "자꾸만 도돌이표를 찍는 생각, 암만해도 나는 참·새"라고 고백한 것이다.

> 바람이 불어 꽃이 피지만 바람이 불어 꽃이 진다
> 모든 생의 통증은 밤을 더욱 요란하게 흔드는 고요
> 밭은 숨소리 속 다시 영웅의 전쟁사가 시작된다
> ―「일리아스를 읽는 밤」 부분

> 꽃피는 봄으로 오백년을 살고
> 단풍드는 가을로 오백년을 살아
> 울울창창 천년의 숲이 되자고 약속한 사람
>
> 서로 등 돌려 뿌리로 가지로 멀어져간 날이 어디쯤인가
> ―「불면」 부분

저 생명 있는 것들의 저항이 타는 불길이다

본래 제 지녔던 어진 품성
덜컥 놓아버리고
만나는 사람마다 날이 선
그 여자처럼

육칠월 순둥순둥한 그 사람 이제 아니다
—「질겨진다는 것에 대해」부분

안 죽고 살아줘서 고맙다던 어머니,
새끼들 잘 거둬줘서 고맙다던 어머니,
눈에 흙 들어가기 전, 그년 안 본다던 어머니,
자식이기는 부모 없어 그년 보고 살던 어머니,
—「어머님 영전에」부분

잘 살아라
다 살아라
얼굴마다 눈 맞추고 인사하시던 간밤을 뒤로하고
이 아침 서둘러 가시네
—「아, 아버지-사망진단서」부분

이번 시집에서는 고체 근대적 세계관을 지닌 손수남 시인이 액체 근대를 살아내며 빚어내는 사랑과 상처의 가족서사가 개인적 체험을 넘어 보편성을 확보하며 하나의 표상을 만

들어내는 의의를 지닌다.

「일리아스를 읽는 밤」에서 손수남은 바람이 불어 꽃이 피지만 바람이 불어 꽃이 진다는 생의 역설을 환기하며 모든 생의 통증은 밤을 더욱 요란하게 흔드는 고요라며, 밭은 숨소리 속 다시 영웅의 전쟁사가 시작된다고 노래한다. 손수남은 「일리아스」를 읽으며 인간 존재의 유한성과 존재의 의미를 근본적으로 성찰한다. 그것을 그의 이번 시집 속에서 여성성으로 가족시학을 그려낸 것이다. 가족서사에서 중점적으로 드러나는 것은 「일리아스」의 영웅들이 전장에서 피를 흘리며 쓰러지듯 생의 전장에서 인간 존재는 본질적으로 덧없음이 사라지는 존재라는 점이다. 그런 가운데서도 고체 근대로서의 세계관은 그 유한성 속에서 명예와 가치 있는 행위를 추구해야 하는 존재로서 분투를 보이는 동인으로 작동한다. 그러나 이번 시집에는 전반적으로 고체 근대의 세계관이 실존적 공간에서 성취되지 못하는 고뇌와 좌절과 탄식의 정서가 파다하다. 그럼에도 불구하고 연민과 화해의 포즈를 보이는 것은 「일리아스」의 영웅 서사와 같은 맥락이다.

「불면」과 「질겨진다는 것에 대해」에서 드러나는 손수남의 절망과 아픔은 「어머님 영전에」에서 사랑의 복원으로 극복되고 있다는 데에 주목해야 한다. 「아, 아버지-사망진단서」에서도 그렇다.

손수남은 고체 근대적 세계관을 지니고 액체 근대를 살며 자신의 가치를 명예로 여기고 액체 근대에 저항하며 사랑과 상처의 가족서사를 그려내었다. 그런 가운데서도 인간은 누구도 죽음을 피할 수 없는 존재로서 명예롭고 의미 있는 삶을 살아야 하지만, 액체 근대의 새로운 질서 속에 편입되어 전전긍긍하는 타인의 고통에 대해서도 공감하며 이해하고 연민을 가져야 함을 잘 보여준다.